# Tervabans
# Buch der Wandlungen

Neun Bilder und ein Epilog
zum Fest der Kleinen Dionysien

## von Aristide Tervaban

© 2013 Aristide Tervaban

Herstellung und Verlag:
BoD – Books on Demand, Norderstedt

ISBN 978-3-8482-5765-2

Gewissheit haben wir doch nur, dass wir am Tag darauf
die Gleichen nicht mehr sind: Verschied'ne  −
vielleicht kennen wir uns gar nicht mehr, wie Schatten
einer Existenz, die uns als ihre Möglichkeit
am vor'gen Tag verwarf?

# Sommer

# I
## Pflücke die Rose, ehe sie verblüht

Pflücke die Rose, denn allzu schnell nur werden die Blätter ihr müde und welk. Wem nützet sie, so von Ferne betrachtet, am Strauch? – Dem Gott vielleicht, der Schönheit schuf und sich daran noch labet?

Doch Gott ist weit, und himmelseitig brennt allein der Sonne gleißend' Aug mir Furchen in die Haut.

Mag sie doch schnell vergehn, entführ ich sie, die Schönheit, mir. Vergänglich, eitel allemal ist alles, was ich seh. Ob einen Tag nun früher oder später – sag, was tut's im Angesicht der Ewigkeit?

Der Ewigkeit, die ich erfahr, wenn sanft ich deinen vollen Blütenmund liebkos, wenn meine Wange sich an deiner Unschuld reibt und alle deine Knospen küssen darf, ich Glückskind einer Sommernacht.

In der Blume sieht der Mensch sich selbst, und wiedermal und immernoch betracht ich Rose, dich! als Ebenbild und Spiegelkind, und würd dich tausend Jahre, Liebste, unsrer Welt, der einzigen, die wir haben, weihen, ehe sie verblüht.

# 2

Ein erster Kuss! Wie lang erwartet, zögerlich verweigert, unendlich begehrt – und dann doch nur ein Kuss.

# 3

Du bist verschwunden, ließest einzig eines dieser langen Haare hier, die als Schopf mir auf Gesicht und Schultern fielen und die Augen mir bedeckten, dass ich mich in deinen nicht verlöre und zuviel des Himmels säh – allzu leicht könnt mir die Erde fad und grau erscheinen, wenn du längst in lichtren Hemisphären weilst.

# 4

Ein schöner Tag zu sterben, flüsterst du mir zu, Bruder der Sonne und des Windes. – Als ob nicht das ganze Leben beherrscht würde von der Kunst zu sterben?

Und wie wandelt sich der Geist! wie leichtfertig schrieb ich vor wenigen Monden, es sei nicht an der Zeit, ich nicht bereit.

Doch ward der Sommer mir ein einzig' Fest der Liebe. Nicht wollt ich missen auch nur einen Augenblick der Nächte, Tage, Körper und des Winds, der mich verweht. Mein Sein hat sich das Jetzt zurückerobert: Das Morgen zählt, gewiss, doch heute! heute nur, und heute Nacht und im Moment liegt aller Wert.

Ja ginge selbst die Sonne auf, vertriebe Sterne, gleißend spiegelnd sich im Meer, würden Wogen weiter rollen, Kronen schäumen, Menschen lachen, weinen, ohne dass mein Angesicht sie je mehr säh – was tät's? hätt ich doch Wunderträume mir geöffnet schon und Reisen in das Sinnlichste des Sinnlichen gewagt, dass dieses Leben keiner Zukunft mehr bedarf, die Höh'res, Bess'res mich erahnen ließ.

Der Tod ist nicht präsent, ein stiller Gast – doch flößt er mir ob seiner Gegenwart nicht Furcht noch Missbehagen ein, und käm er morgen schon, so wüsst ich: heut bin ich ein reicher Mann!

# 5

Er lag im Gras; ich saß daneben und kaute an einem Halm.

»Kneif die Augen zu und schau in die Sonne!« sagte er blinzelnd. »Stell dir vor, du sähest einen großen schwarzen Vogel dort am Himmel fliegen, ganz undeutlich – eine flüchtige Bewegung, ein Punkt.«

Ich legte mich neben ihn.

»Stell dir vor, ein Schmetterling würde über deinem Kopf hinwegflattern,« fuhr er fort. »Ebenfalls ein schwarzer Punkt – und ließest du dem Licht nur einen schmalen Spalt, in dem es in dein Auge fiele, so könntest du womöglich gar nicht unterscheiden, ob es nun ein Schmetterling oder ein großer schwarzer Vogel wär!«

# 6

## Das Buch Arthur

Du fragst mich: Was soll ich tun? Und ich sage dir: Wir sind wie Blätter im Wind, rot glüht die Abendsonne uns aufs Haupt.

Der Herbst wird kommen, und der Winter. Dass kein Blatt die kalte Jahreszeit erleben wird, wir vorher schon zu Boden gehn und Schnee sich auf uns legt wie Stein: So sei's. Wie willst du wissen, Arthur, ob den letzten Atemzug im nächsten Windstoß du nicht hauchst? Drum lebe in der Istzeit, nicht in irgendeinem andern Sommer! Sieh die Welt als Spielfeld deiner Träume!

Alles zu verlieren haben wir in dieser Nacht – das Tor zum Paradies bedeutet: Einlass ohne Wiederkehr. Denn hast du einmal von der Frucht gezehrt, wirst du im Garten bleiben wolln, und dort heißt's: Lebe wild und leb gefährlich, Arthur.

# Nocturnes

# 7

Schon wieder einer Nacht den Schlaf geraubt und trotzig sie
dem Tanz geweiht. Zuviel geraucht und Fremde allzu leicht
umarmt. Was will ich mich verliern in deren niemals ernst
gemeintem Kuss?

# 8

So muss ein Gott sich nach dem Schöpferakt gefühlet haben:
wie die Lawine, die im Schneesturm losbrach und im Tale
zum Erliegen kommt. Wie Sonne, die die Wüste glühendrot
mit ihrem sanften Strahl bedeckt, wie Regen, der aus schwe-
ren Wolken bricht und sich ergießt.

Der Frieden: Ja, es ist vollbracht, und stille atmet die Natur
im Herzschlag, hoch im Himmel blinzeln tausend Sterne, so
als wäre nichts geschehn und schliefe alle Welt.

Mein Herz ist aufgewühlt und glücklich. In mir trage ich
den Kerzenschein, der über uns und in uns leuchtet, so als
könnt er nie verlöschen und weiterbrennen wie mein Le-
benslicht im Dunkel dieser Nacht.

Mein Freund, ich fühle dich, und würd ich meine Augen
öffnen, säh ich dich in deiner Anmut, die mich meinen
Atem stocken lässt und gläubig fragt: Was könnten andres
sein als Götter wir und Boten einer neuen alten Welt?

# 9

## Fiat Lux

Dir Mann im Mond: Schaust du noch immer, wohlbesonnen bleich, auf irdisches Geschick? Siehst du der Kreaturen Licht, wenn Nacht die Welt umhüllt? Als brennten sie wie Kerzen, manche heller: hoher heil'ger Schein, der stolz sich wie eigner Stern gebiert und, lang bevor du's meintest, masselos in sich zusammenschlägt. Manche dauernd, kleines, selbstgenügsam-wohlbescheidnes Glühn, das gleichermaßen stumm und erdvergessen seine Nächte brennt, und dessen Gegenwart dich erst berührt, wenn still sein Licht von andern weiterfort getragen wird – als gäb es dort ein Gleichmaß, das die Wildern hält und stützt.

Kaum wagst du, Mond, dich auf die Spur des *einen* einzulassen: Weißt du doch, dass seines Lebens helle Stunden künftighin nicht lang dir deine Bahn begleiten, viel zu schnell im Schatten enden und – bedenkst du's recht – dies eifrigzüngelnde Erflackern nur stets aufs neue jene Leere in dir weckt: den Schmerz, zu *werden* und dann gar nicht lang zu sein.

# IO

## Schlafes Bruder

*Wer liebt, schläft nicht*

Da schaut er mich mit großen Augen fragend an: Verwundert bist du, mich zu sehn? War ich doch dein Begleiter Jahr für Jahr. Vielleicht hast du mich nicht erkannt? – Wie Zeus wähl ich Gestalt und Zeit mir nach Gutdünken. Weißt du nicht mehr,

wie als Schwan ich dich verführte und du meiner weißen Eleganz erlagst? Heut komme ich als Schlange, morgen bin ich Ganymed, und in nicht allzu ferner Zukunft vielleicht dein Spiegelbild. Was zählt die äußere Erscheinung – ? Leben kommt und geht, nur ich, ich bleib und seh dem bunten Treiben zu.

Gnadenlos und hart bist du! ruf ich. In den Momenten größten Glücks liegst du an meiner Seite, flüsterst leise mir ins Ohr: »*Alle Lust will Ewigkeit*« und machst mich traurig, weil kein andrer besser weiß als du, dass Wahrheit bitter schmeckt und unsre Grenzen zeigt.

Wie könnt ich sie verfluchen – diese meine Jugend, die mich lehrt: Jetzt oder nie, während du bescheiden schweigst und wartest. Eines Tages wirst auch du die Schwäche nutzen, die Erregung mit sich bringt, und mich im Schlafe überwältigen, so wie du's mit allen andern tatest.

Du machst mir Angst, ja: Ich fürchte dich und will dich nicht mehr sehn – nicht als Schlange noch als Schwan! Doch, weh mir, näher bist du, als ich denk...

# Paris

# I I

Epheben, kleine Monster! möcht ich euch beim Namen
nennen, kommt mir, Teufel! all der Unrat aus dem Maul
geflossen, den der Strom der Zeit schon fast vergaß.

Ach damals, einst: Die Lippen schmeckten nach dem reins-
ten Wasser des Olympos, unbefleckt glaubt ich, dass alle
Welt mir hold gesonnen sei. Welch Wandel! Heute sitzt ihr
an der Kehle mir, es dürstet euch nach meinem Blut – und
kehr ich euch den Rücken, bohren eure Blicke sich mir in
mein Kreuz. Warum, sagt! lasst ihr keine Ruhe mir? Mag ich
auch gehn, wohin ich will – da steht ihr schon und stiert
mich lüstern an. Als ob es in der Welt nur Ganymedes
Freunde gäb! Ihr seid's, die Schmerz und Ungemach ver-
breiten!

Dort, wo ihr auftaucht, ruft ihr jenen bittren Nachge-
schmack mir in den Sinn: von einem übersüßten, klebrig-
schweren Nachtisch, der noch nächtelang im Magen wie ein
Stein liegt. Zuviel des Guten, sagte Epikur, sei schlecht
verdaulich – und mag ich mir auch schwörn: Nie wieder!
ein für allemal genug! – schon drängt ihr mich wie's
schlachtungsreife Kalb in eine krüde Ecke und bedeckt mein
Haupt mit wilden, ungestümen Küssen. Selbst wenn ich in
Höllenqual die Flucht ergreif, mich losreiß und davonrenn,
land ich in des nächsten Kobolds Armen, der mit gleichem
Hunger mir das Ohr zerfleischt und meine Zunge allerliebst
verschlingen würd!

# 12

## Guy Môquet

Helas! der Welten End dringt ärger ins Gemüt mir, als ich dacht: Als wollt es keinen Aufschub, hängt's am Halse – fasrigblaue Finger. Drückt mir sanft den letzten Atem aus der Kehle, auch: das Letzte Wort – ein dünn gehauchter Klagelaut, der alle Stunden zählt, die ich verlor. Ich frag mich:

Hätte mehr noch kommen können?

Stünde nicht ein Zorn dahinter, dass die Wege ungleich lange uns bemühn: Ich würd das Licht des Mondes nicht verschmähn und trotzig meinen Blick ins Schwarze lenken. Es hätt ein Sternenhimmel sich im Dunkel meiner Zukunft spannen und mit seinen Fäden ein entschwundnes Bild neu zeichnen können. Ich hätt auf Bahnen, deren Flur ich einst erträumt, gen Sonnenaufgang streben können... Warum sollte es nicht sein?

Ja, stürb ich lieber, wie Hyperion, weil ich gelebt, als dass ich lebte, ohne je gelebt zu haben?

# 13

Schrien wir uns die Lust entgegen, so wie nie zuvor (und niemals wieder?) – sag, wie kommt's, dass wir erst jetzt die Schwingung fanden, die uns zur Extase trieb, nicht enden ließ, bis schweißdurchtränkt die Laken unter uns Erbarmen flehten? Je kein andrer ließ mich all die Jahre durch die gleichen Sphären schweben – warum du?

Draußen zog die Sonne ihre Bahn im winterblauen Himmel, während wir im *festin nu* verharrten. Nicht, dass es uns Ernst gewesen wär – häufig brach in Lachen aus, ich Bruder deiner Wanderseele, konnt's kaum fassen, welche Freude mir zuteil würd. Als mich gleicher Zeit die Flamme fraß und Wogen mich durchwarfen; als Sturm mein Ohr betäubte und im Meer den Sinn für oben und für unten ich verlor; als zwischen aller Glut ich Atem wahrnahm – meinen, unsren, und den Atem allen Seins.

Und dann sagst du, Leben habe keinen Sinn und auch kein Ziel, denn alles Streben ende gradewegs im Nichts. Wenn nicht dies Treffen Ziel genug schon wäre? Sicher, wir verharrn in unsrer todgeweihten Hülle, laufen ziellos in den neuen Horizont und werden nie die Antwort finden... Was bedarf es einer Antwort?

# 14

Da rann aus seinen Augen bittrer Tau und netzte meine Wange mit... Wie hatt' er mir noch eindringlich beschworn, dass er mich liebe, ja! doch wie er andre liebe auch – und keineswegs der Liebe er verfallen sei. Wohlan: dass ich der einz'ge von uns beiden wär, der immerfort von neuem tausend Tode stirbt, wenn's Ende unsrer Zeit uns droht – ich hätt's ihm nicht geglaubt! Doch dass ihn solcherdings die Traurigkeit ins Land der Tränen führen würd: dies war schon Trost genug, mich eng an ihn geschmiegt der letzten Stunden Last zu tragen.

»Wärst liebend du! so machtlos mir ergeben (– hatt er mit blindem Stolze noch gedroht –), du würdst mir folgen bis ins Land der Langen Monde: und nicht brüsk mir offenbarn, dass ich in deinem Reiche zwar willkommen sei und aller dein Begehr nach meiner wohligen Umarmung zehrt, doch ich nicht nur im Glück des steten Wandels Gast sein dürft! vielgleich im Taumel kurzer Nächte wir uns immer finden könnten, wenn du's wolltst.«

Ich hatt mit bebend zögerlicher Stimm sein Dringen abgewehrt: Zu einfach schiene es (und würd's doch nimmer sein), die Stunden trauter Zweiheit bis ins Übermorgen fortzuführn! und ob der Liebe launisches Gemüt nicht selbst es uns verböt, dem Wunsche nachzugehn!

Oh, alle Klagen dieser einen Erde hätt dem eigenen Entschluss ich gegensetzen mögen, als in meinen Armen er mir schon entfloh und stumpfe Leere seinen Ort einnahm!

# Der zweite Sündenfall

# 15

## Der zweite Sündenfall

*El mundo es un espejo*

Ja, ich habe mich erkannt: im Spiegel – jener, der mir dort mit großen Augen, offnem Lächeln gegenübertritt, als wollte forschendes Gesuch ins Innerste ihm dringen. Aufmerksam studier ich seine Züge, seh wie seiner glatten, wohlgefäll'gen Wange meine Hand sich nähert. Prüft und hoch zur Braue führt, die wie ein Schild der Stirne trotzt. Als hätt ich mich im Bild verlorn, das dort im stillen Raum der Jugend Schönheit preist. Und *ich* wär einer jener, die der Maler schon vor Endlichkeiten an die Leinwand übergab und ihnen eine Ewigkeit erschuf, die längst schon nicht mehr währt?

Ein hohes, fast erhabenes Gefühl durchströmt die Zeit: der bin ich und kein andrer. Könnt ich mich einmal nur aus dieser Spiegelwelt befrein und mit staunend-unfassbarem Stift die Linien zeichnen, die die Götter für mich auserkorn!

Wär einer eher denn im Glück, der wohl zu spät die frühen Stunden wiederwünscht und sich nur vage an den Tag erinnert, da er seinen Spiegelfreund als blasses Gegenüber hasste, und sich heut im winternahen Jahr des Frühlings wie der Zeit im Paradies entsinnt?

# 16

Hedonisten sind wir, räuberisches Pack, das unstet durch die Lande streift und keine Skrupel kennt, zu nehmen nach Begehr und Lust, wen es am Wegesrande trifft. Das Gestern interessiert uns nicht, ein kurzer Blick zurück: Es ist genug, was Gegenwart an Taten und Gefühlen uns beschert. Der letzte Mond: ein andrer Stern, und Nordlicht tauschen wir mit Südlicht, Ost mit West – die Himmelsrichtung sei uns gleich, so lang die Straße neue Abenteuer uns verspricht. Wie Herren aller sieben Kontinente, aller Länder, Ozeane kann uns nichts am Orte halten. Langeweile, Stetigkeit ist Tod, und Leben sei Bewegung, Vorwärtsschreiten!

Heute hab ich dich geliebt, dein Körper schweißgebadet, Küsse, zärtliche Umarmung, so als würdest du mir irgendetwas in der Welt bedeuten. Sieh: du könntest auch ein andrer sein! Mit sanften Lippen mich liebkosend, schwebst du über mir. Ich öffne meine Augen, denke überrascht:»Ich hab dich nie zuvor gesehen... und werd dich, schneller als du meinst, vergessen.«

Wir hatten Freude, diese Nacht mit aller Kraft zu teilen, zu umarmen uns, das Bett zu unserm Paradiese zu zerwühln. Doch jetzt, mein namenloser Freund, jetzt zieht's mich weiter, deine Bitten werden mich nicht halten, deine Augen ganz umsonst um Aufschub flehn. Was bedeutest du mir schon?

Das Rad, es rollt, und ich spring auf den Wagen auf: Wohlan! der Weg ist weit, und dass die Welt ein Ende habe, ist noch lange nicht bewiesen!

# 17

## Der alte Raum

*Für Lou*

Komm, Freundin! lass den Tanz der Liebenden in unsern Gliedern Macht ergreifen! Ungestüm fährt alter Rhythmus mir ins Mark. Musik und Farbenspiel: ein dunkelrot der Nacht und dünenwogig' Sand. Als wandelte ich einst und unter Sternen viel vertrauter und umarmte dich noch ohne Wissen, dass es andres gäb?

Du nahmst mich in die Arme und gewährtest Einlass mir, wie wenn ich immer schon dir treu geblieben, nie den Pfad des Spiegels eingeschlagen hätt. Und doch seh ich mit neuen Augen dich:

Erfahren musste ich, dass nicht nur Einen Tanz es gibt, den Liebende vollführn, doch viele wie der Himmelskörner Glanz. Und jeder dieser hat sein eignes Reich und seine Kraft, die mich verführt und mir geheime Räume zeigt; jene, die du, Freundin, heute Nacht an dir entdecktest.

Ich werd dich immer lieben, mich in deinen Wellen treiben lassen und genießen, dass das Leben einfach ist – (ach, wenn das Leben doch nur einfach wär!). Und dann werd ich die Weite suchen, abkehrn mich und andre Wasser trinken, blaue Dürste stilln an Quellen, die du niemals sahst.

Tanzen wir! Die Nacht ist kurz...

# 18

## Glück des frühen Ruhms

Was nützt dem Dichter ein *posthumer*, vielstimmig ertönend'
Lobgesang auf seine Worte? Er, der in der Mühsal langer
Nächte, ungezählter Kerzen von den fernren Wesen fabu-
lierte, einzig seines engsten Freundes treuem Ohr vertrau-
end, niemals - nimmer! für den unbedarften Hunger Weite-
rer bestimmte Liebesbriefe an das Leben schrieb: er sei der
*Große*? dessen Vita stets mit einem Schimmer Hoheit uns
erscheint und stiller, leidgewohnter Würde?

Wir Nachgebornen lachen leicht und wundern uns des
ungerechten Schicksals, das dem *Mäßigen* die Gunst be-
schert, im Rampenlicht zu glänzen und das Lob der Tages-
presse sich zu holn. Wer einmal den Erfolg roch: Hätt er
nicht begriffen, dass der Zukunft ungeborne Geister ihm die
Leckerbissen stählen, die auf reich gedeckten Tafeln seiner
harren?

Erstauntes Mittelmaß, das, ehrfurchtsvolle Kommentare
erntend, sich des zweiten Rangs bewusst, viel weniger doch
korrumpiert als jener, der sich willentlich der Zeilen, die nur
*einer* könnt, entsagt und der Gefälligkeiten eitlem Spiel sich
öffnet!

Den meisten Eindruck hinterlässt jedoch die Spur im Sand,
die, kurz bevor sie sich der Erd enthob, im Nahn der Flut
ihr Ende fand und seither über wilden Wassern ruht.

# Leukadischer Fels

# 19

## Mein letzter Tag

…und würd in deinen Armen meine Seele mich verlassen und den Himmel suchen – wer wollt es ihr verwehrn? Vielleicht dächt sie, auf Erden sei ihr Werk getan, mehr könnt sie nicht erwarten! Für diesen Tag hätt sie gelebt, und all die Wege, die sie hierher führten, hätten ihren Sinn gehabt:

Auf einmal war der Wind ein Bote, der die Nachricht über Wiesen und durch lichte Wälder trug; war die Sonne, da sie lange, warme Schatten warf, Chronistin eines Marsches, hin zu diesem einzigen Entschluss. Ein schöner Tag, das Licht sich auszublasen und mit dem Morgen nicht zu rechnen. Was sollt es Schön'res bringen? Was – in aller Welt – wär's wert, von dieser Stunde zu verlangen, dass sie, wie's die früh'ren taten, wiederkommen solle und den gleichen Duft verströmen? Sie würd es doch nicht tun – und aller Wunsch, wir schieden eines Tags mit selbiger Genügsamkeit und Ruhe aus dem Leben, erkennten wir als bloße Illusion.

Wer immer uns von seiner Ewigkeit erzählte wie vom nächsten Raum – er musste ahnen, dass es jene gäbe, die nicht zögerten, die Türe dorthin aufzustoßen, und doch wüssten, dass sich dort nichts fände als das Nichts.

# 20

## Cantique Triste

Da ging ich suchen; und ich fand dich nicht. Wo warst du, als die Nächte lang ich deinen Namen rief auf leeren Straßen? als Blätter dort im Winde flüsterten von dir und Luft voll Ahnung mich umfing?

Ich glaubte, dich vor Dämmerung in jener Straßenflucht zu sehn. Doch schwand das Licht zu schnell, und als ich deinem Schatten folgte, warst du nicht mehr jener, den ich kannte. Am Tage drauf dacht ich, du würdest dort am Ufer Blätter zähln, versunken in des Wassers Spiegelwelt... Ich blieb erschrocken stehn: Wärst du so alt geworden in der Zeit?

Letztendlich trat ich nächtens in die großen Säle. Als ob die Menschen ahnten, dass ich nicht der ihre sei und wie ein fremder Stern ihr Universum nur tangiere! Ich hörte ihnen zu, den *andern*, freilich, deren Namen mir im Ohr ganz fremd und seltsam unbedeutend klangen. Sie luden mich in ihre Häuser ein – doch folgt' ich ihnen nicht nur deinethalben? Weil mich mancher ihrer Blicke deine Blicke fühlen ließ? Und, ach! ihr Kuss mir meinen Mund benetzte, so als wären's deine Lippen. Warum sollte ich mir zürnen, dass ich niemals dich vergaß?

# Herbst

# 21

## Le chien et le loup

Da senkt sie nieder sich, die Dämm'rung. Eine goldne Hand, die sanft die Auen streichelt. Letzte Sonnenstrahlen spiegeln sich im See, bevor der feuerrote Ball im Wald versinkt und einzig den *Gedanken* an den Tag am Leben hält.

In Schweigen hüllt sich die Natur, von Zeit zu Zeit ein Vogelschrei. Nur Wind fegt durch die Baumeskronen, lässt sie merkwürdig substanzlos rauschen und reißt erste gelbe Blätter mit sich fort. Am andern Ufer zeugen ein paar Bäume schon vom Nahen dunkler Jahreszeit – doch jetzt noch, jetzt! ist alle Welt mir hold. Ich zähle

Wellen auf dem See und kräusel mich in ihnen, sitz auf einer knorrig' Wurzel, schau hinauf ins Blätterdach, seh Vögel Kreise ziehn und flieg davon gen Süden.

Nur ein Moment noch Licht. Der Himmel gegenüber ruft die Nacht, und gleichen Augenblickes glüht die Sonne nach. Es ist nicht Tag noch Nacht; als ob die Welt sich nicht entscheiden könnt, was sie denn vorzög, und in dieser Unentschlossenheit verharrt. Vergänglich wie kein andrer, weil so kurz, ruft der Moment mir ins Gedächtnis, dass die Zeit verstreicht und wir ihr Opfer und ihr Glückskind sind.

Am Firmament: ein erster Stern.

# 22

## Was bleibt – ?

Verfluchte Liebe! Warum müssen wir nur immer wieder Schmerz empfinden, wenn wir sehn, dass niemals wir im Stande sind, den anderen zu *binden*. Ich konnte SCHREIEN! Jeder Abschied ein Verlust – doch schlimmer: Jedes Wiedersehen eine Suche dessen, was *einmal* gemeinsam war. Und vielleicht trug uns damals schon nur eine Illusion, ein Wunsch aus unerwähntem Spiegelwissen: Wir könnten nichtmal selbst uns so bewahren, wie's uns jene Gunst des Augenblickes glauben machen mag; wie sollten wir erst jene andern an ihr Bilde fesseln?

Was bleibt – ? Ein großer Regen, der das Salz der ungeweinten Tränen mit sich fortnimmt und die Seele reinwäscht?

Vielleicht würd Leben ohne die Erinnerung uns manchen grauen Tag ersparn: Denn jeder Morgen wäre neu und müsst sich nicht mit allen vor'gen messen!

# 23

»Und dann,« erzählte er, »wenn sich der Morgen mit dem ersten grauen Licht am Fenster zeigt und du vorm Bilde stehst und, ach! des Bettes unberührtes Kissen nach dir ruft: Herbei, halt ein, der nächste Pinselstrich wäscht jene hektisch-unbedarfte Ungeduld der Nacht hinweg und spiegelt bloß das blassgefärbte Antlitz deines müden Blicks. Dann nimmst du einen Schluck des sauren Weins und starrst verdrossen auf dein Werk: ein fratzenhaftes Ungeheuer, niemals so, wie du es noch am Abend in dir sahst – unmöglich, solcherart dem scharfen Blick des Tags zu überlassen!«

# 24

## Un revoir inattendu

Sah ihn wieder. Zwanzig, fünfundzwanzig Jahre älter. Aber jene Augen! als er dort am Park im Frühherbst stand, erwartungsvoll in meine Richtung blickte: Ja, er hatte mich erkannt!

Das gleiche, vorsichtig verschloss'ne Lächeln, so wie einst, beim erstenmal, dass ich ihn sah. Und seither hatten unsre Wege sich nur selten noch gekreuzt, der Briefe hatt ich viele angefangen, keinen dann verschickt: Wohin? Vielleicht war er, der Wandrer, lange schon an anderm Orte?

Jetzt jedoch: Das Haar fiel ihm in seine Stirn, gleich damals kehrt er's mit der rechten Hand nach hinten – jene Hand, die ach so lange ihren Abdruck auf der Haut mir hinterließ. Zu lange hatt ich ihn geliebt, zu lang vergeblich. Bilder stiegen auf ... auch ein Herbst im Park. Die Sonne sank, und auf dem Teich die Enten flogen in den roten Horizont. Und damals leuchtete der Himmel schon im Glanz des Morgen, jener Flügelschlag klang wie ein deutliches Versprechen unsrer Zukunft, die schon damals keine war.

Ganz langsam ging ich auf ihn zu und merkte, dass um seine Augen Krähenfüße ihre Spuren hinterlassen hatten: Nein – ihr Glanz war nicht gebrochen, immer noch ertrank ich tief in ihnen, dort wo alle Endlichkeit verstummte und das Pochen meines Herzens mit den Ahnen und den Künftigen verschmolz.

Dann kam jene tiefe Traurigkeit. Denn niemals werden wir die Enten fliegen hören, wie sie damals stoben, du und ich, wir werden andre sein – und sind es schon in diesem Augenblick, da ich mir träum, du wärst es wirklich.

# 25

## Rückkehr aus Arkadien

Mein Liebster! Was könnte das Heimkommen sanfter gestalten? Überhaupt: Was heißt »Heim«-kommen? Jenes Eintreffen in der selbstgezimmerten Fremde, die du mit Insignien irgendeines allgemeinen Geschmackes ausstaffiertest und mit den wenigen Habseligkeiten fülltest, die dir deine leibliche Existenz beweisen sollen! Dabei zeugen sie doch, deutlicher als jeder Versuch, Vergangenheit abzustreifen, von der Absurdität, Bleibendes zu schaffen, und wie in einem Wachsfigurenkabinett bist einzig *du* es, der ihnen ihr kurzes, atemloses Leben einhaucht – wie eine tönerne Familie aus Gartenzwergen: Alle Rotmützen verfolgen emsig einen beliebigen Zweck – dein Schreibtisch sagt dir, er erwarte dich zurück mit Ungeduld, die Küchengabeln scharren schon ganz aufgeregt mit ihren Zinken im Regal, und deine Lieblingsbücher sehnen sich danach, dass du ihnen, den Fleddrigen, Vergilbten, ihren Staub vom alten Rücken kehrst.

Das könntest du dann Heimat nennen, oder zumindest Vertrautheit – wäre da nicht jene halbleere Weinflasche, die von der letzten, einsamen Nacht vorm Aufbruch zeugte, sähest du nicht die Asche nie zu Ende gerauchter Zigaretten, die dir zuruft: »Und wieder eine Flucht gescheitert!«

# 26

## Zugvögel

Verhängnisvolles Harren: Jede Nacht schon kann der erste Frost ins Lande brechen und mit seinen kalten Fingern Winterblumen auf die Blätter malen. Warum seid ihr nur entschwunden, laue Abende im gelben Laub?

# Die Zeiten der Wanderer

# 27

## Des nächsten Tages Ruf

Vernähmst du *einmal*, Wandrer, nur
des nächsten Tages Ruf und folgtest nicht dem Wind!

Als ob dich dessen blasser Atem jemals an die See trüg:
blanke Illusion! wo Stimmen eifrig meinen, dass kein Meer
es gäb und jenes Flusses Mündung sich im Nichts ergieße,
schlimmer noch – im Gestern ende.

– Ach, wohin sollte denn mein Sehnen dann sich wenden? –
wenn nicht fern an fremder Stade Quai?

Der Mond ruft: Sieh, des Wassers Ungestüm zerbricht mein
Ebenbild und trägt es fort! Daselbst die Sonne löst sich auf,
ihr goldner Ball zerstäubt in tausend Splitter und rollt un-
entwegt gen Westen – so als käme sie nie an. Was sollt ich,
sag's mir, andres tun, als ihren Melodien die meine anzufü-
gen?

Lass mich ziehn und jenem Flusse Lieder von der Großen
Stille singen, die ich niemals, niemals fand.

# 28

*Für Hugo*

Sag nicht, ich würde fliehn! Dann war schon längst ich nicht mehr hier. An deiner Seite grübelnd säß ich nicht und würde keine schwarzen Löcher in die weißgekalkten Wände reißen. Du fragst mich, ob ich *glücklich* sei – und: Ja! und Ja! und Nein. Wie könnte ich dir's sagen?

Werden Träume wahr, so heißt das nicht, dass ihre starken, grellgemalten Bilder unsre graue Welt vertünchen? Auch könnten sie der Illusionen uns berauben, die wir bis ins Grab getragen hätten. Sollten Träume Träume bleiben?

Wie oft hast du mir schon verziehn, dass deine Orte nicht die meinen warn und alles dran ich setzte, dir ein Leben ohne mich in schönsten Tönen auszumaln. Sag nicht, ich wär geflohn! Ich wollte nur das Erste uns bewahrn, das uns verband: die Ungewissheit, ob und überhaupt wir uns denn wiedersehen würden; die die Treffen schmerzhaft kurz und immer traurig enden ließ. Ich möchte nicht, dass einst ein Zorn uns auseinandertreibt und alle Bande brechen lässt! Du kennst mich nicht – so wenig, wie ich deine Launen je erlebt hätt: Wir sehen uns im Traum nur, bruchteilhaft, facettengleich. Wär's damit nicht genug?

Wie einfach scheint ein Traum.
Wie leicht lässt er uns stillstehn.

Vielleicht hast du ja recht: Auch Bilder sterben – ewig könnte unser Zweisein nicht bestehn, zu weit die wahren Wege abgelenkt, dass wir im andern stumm, verzweifelt nach dem Bilde suchen würden, das wir in uns tragen, und der Traum zur Täuschung, zur Enttäuschung würd.

# 29

## Passagen

Zu lange glaubte ich, ein Hafen sei der rechte Hort fürs Schiff: Mit seinem wehrhaft starken Steinschild könne er den Sturm aussperrn und mich vor schweren Winden schützen (die See kann tückisch sein und unberechenbar, ich weiß –). An seinem Pier würd ich den ruhigen, unbedarften Landgang schätzen lernen, sogar jenen Mauern Achtung schenken. Von Ferne säh ich weiße Gischt und würde mit den Möwen auf der Landungsmauer meine Brote teilen.

Wie täuscht' ich mich! Mit Steinen werf ich jetzt nach kreischend-flattrigweißem Ungetier, und ungehalten spucke ich aufs Pflaster. Beschimpfe jene braven Bürger, die sich um mein Wohle sorgen und mich voller Einfalt fragen, warum ich hier nicht glücklich sei?

So sollt ich Heimat atmen, wenn sie mich in Ketten legt? und nachts am Firmament das Kreuz des Südens wie ein Bote ruft: Nicht hier bist du zu Haus – ein Schiff mag sicher ruhn im Hafen; doch sind die Schiffe nicht dem Meer bestimmt?

# 30

*Πάντα ῥεῖ*

Auch wären wir nichts weiter nur als Tropfen, sagte mir der Fluss. Vom Strom der Zeit getrieben, dachten wir, die Orte würden wandeln sich – und nicht wir selbst uns.

Orte bleiben stumm und unveränderlich, das Ufer ruht, es hält den Fluten stand. Wir sind's, die fortgespült und weggewaschen werden, uns nicht halten können, bleiben wollen.

Warum strudeln wir und schwimmen mal im hellen Licht des Tags, ganz nah am Himmel? Warum kurze Zeit nur später tief am Grund, wo Dunkelheit uns halten sucht?

Wer zuviel fragt, so flüstert mir der Fluss, vergisst, dass keiner eine Antwort weiß.

# 31

Sind jene feinen Linien, die mir deine Hand ans Auge
zeichnet, nicht eines fernen Flusses Aderwerk?

auch da: die Furchen, die mein Spiegelbild an mir vor Tagen
noch nicht sah, beschreiben achsengleich den Weg von Nase
mir zum Mund, und wenn ich lächle, graben tief und tiefer
sie sich ein – als hätt ein kräft'ger Regenguss die Erde aus-
gewaschen und gäb blanken Felsen frei!

Du wütest, Zeit, wie einer Göttin Blitzschlag in dem Antlitz
jener bestbekannten Landschaft: Heilig war sie mir noch nie,
doch dacht ich, jeden Winkel ganz genau zu kennen. Wie
trügtest du mich, ja! und ließest mich im Glauben, Frühling
währe ewig. Leichtes Spiel – ich wusst es doch nicht besser:
Hatt ich je der späten Monde Frost an meiner Haut erfah-
ren? Aller Winter, den an andern ich mit unerbittlich rech-
tem Eifer pflügen sah, er schien mich auszuschließen, wil-
lens zu umgehn.

Jetzt holt er nach, was all die Jahr' er zögerte, und fremde
Spuren graben sich in meinen Schnee. Die Lippen, die im
Schlafe mir die Lider küssen, lassen ihren wohlgemeinten
Abdruck zum Gedächtnis mir. Auch jene Sommersonne, da
sie einst auf Straßen, deren Ziel ich längst vergessen (oder
nie gekannt hab), mir ihr Siegel auf die Stirne brannte: Heut
erst seh ich ihre Schrift auf meiner Haut.

Und würdest morgen du mich lieben, wenn ich vor dich trät
und einzig meine Augen dir vertraut erschienen? wenn ich,
tausend Wege, die mein Leben schritt, in mein Gesicht ge-
gerbt, dir gegenüberstünd und trotzdem nicht in jenes Kleid
zurückwollt, das du, Zeit, mir schneidertest, als ich an Zeit
im Traume noch nicht dachte?

# Ferialia

# 32

## Ferialia

*Würdst Du meinen Namen kennen, säh ich Dich im Himmel wieder?* Jahre zogen rasch dahin wie Wolken. Dein Gesicht in meinen Träumen lebt nicht mehr. Verblasst ist Deiner Augen Glanz.

Ja, vielleicht siehst Du auf mich hinab von oben – schöner Traum! und leitest meine Wege: stille Hände, die mich führn. Lass mich einen Augenblick nur glauben, dass wir irgendwann in fernen Tagen uns umarmen und wir alle die Verluste, die das Leben fordert, einst vergessen könnten!

Selige Geborgenheit und frommer Wunsch: Sterben könnte einfach sein. So, als ob von einem Stern am Himmel ich zum nächsten spränge und vom ersten Tag zum zweiten.

Dann wär jene Letzte Nacht nicht ohne Hoffnung und der Abendsonne Strahl Versprechen, dass am andern Morgen ich die Augen öffne und ihr Antlitz wieder leuchten seh. Würdst in Deiner Welt mich Altvertrauten in die Arme nehmen und mich herzen, wie Du's damals tatst...

Entschwundnes Land Vergangenheit. Und könnt ich weinen, würden meine Tränen fließen in den Ozean der Traurigkeit, der vor mir wogt und schweigt. Der alle Worte hört und sie an Ufer spült, die keiner je gesehn.

# 33

## Die Vielgestalt der Toten

Wär Orpheus ich und führte mich mein Weg in jene Schattenwelt: Was wüsst ich, ob sie auch die Deine wär? Vielleicht säh ich die Totgeglaubten anders? Er wäre dort ein alter Mann, die Falten tief in sein Gesicht gegraben. Doch für Dich, die Du ihn früher kanntest, wär er wie beim erstenmal, als er Dich traf: Die Augen leuchteten voll Zukunft, und an seiner Wange fühltest Du nur weichen, blonden Flaum.

Ein Schattenreich für alle uns, die wir auf Spurensuche gehen, kann's nicht geben! Meine Pforten öffnen sich in anderm Augenblick als Deine, zeigen andre Bilder mir und Farben, so als ob ein jeder von uns seinen *eignen* Hades der Vergessenheit behielt. Und mit sich nähm, wenn eines fernen, nahen Tags die Letzte Tür für ihn sich öffnet. Leben wir, so frag ich Dich, womöglich nur als Bilder, als Erinnerungen jener, die uns kannten? und noch kennen? Ist vielleicht der Spiegel nicht schon Trug und Abbild eines nie gewes'nen Bleibenden? Doch um zu ahnen, was die andre Seite wäre, müssten wir ja beide Seiten kennen!

Engel, sagt man, wüssten manchmal nicht, ob sie im Reich der Toten oder der Lebend'gen wandeln. Ist die Grenze wirklich scharf zu ziehen? oder sterben wir nicht jeden Abend, wenn die Nacht zum Schlaf uns zwingt? Dann erscheinen wir im Reich des Zufalls, treffen altbekannte Geister, leben Leben, die wir nie gelebt, und sterben tausend leichte Tode.

# 34

## Zögernd hinweg

Möge die Sonne aufgehn und ich die Fesseln abschlagen,
die mich an diese Welt binden – auf dass ich eines Tages
die Leichtigkeit finde, Lebewohl zu sagen ohne das Gefühl,
es sei noch nicht an der Zeit, Bruder.

# Was Zukunft heißt, sei nie geschehen

*Nach dem ersten Tod
gibt es keinen zweiten*

# 35

## Was Zukunft heißt, sei nie geschehen

Um eines sei er sicher sich, so sagte jener Freund: Er werde länger leben, als ich jemals leben würd. Die Worte trafen mich ins Herzen wie ein Pfeil, und Atem stockte mir.

– Warum? so wollt ich fragen. Sag, wie kannst du wissen, was ein Gott nicht ahnt? Ich fühlte mich beraubt, betrogen meiner ersten, letzten Tage: Als ob ein Schicksalswink die Zeit auf Erden mir nicht gönnen würd und all mein Lebensstil Tod und Verderben nur im Sinne hätt!

Ich weiß: Ein rauschig' Abenteuer trunken ich durchwandel, und die Zukunft weist ins Nichts. Was sollt ich eine Träne – auch nur eine! allen Leben weinen, die ich leben könnt!

Was reizt es mich, in buntest' Farben auszumalen, wie der Freunde Werdegang sich wandelt? wie zu reifen Menschen sie gedeihn?

Die Welt verlöscht mit mir, mit meinem Sein. Die Zukunft, die ich will, ist keine, die es geben wird.

# 36

Mein Herz: Was willst du Trübsal blasen? Wär nicht der schönste Tod ein Tod, der alles offenlässt? dich aus der Mitte deines Lebens reißt, so lange nichts verloren? Enttäuschung, schlimmer: Trivialität des Alterns, der gutbürgerlich' Gesetztheit würdst du ernten. Jetzt ist Zeit, da nichts entschieden und du kühnste Pläne deiner Zukunft spinnst. Gewissheit hättest du, das Leben wäre lebenswert geworden – auf wahrem Weg in eine goldne Zukunft. Milch und Honig, Traubensaft und Myrrhe: Einzig Götter bleiben ewig jung. Und wen sie lieben, holen sie ins Reich der Ihren.

Oh Qual des Alterns, würde ich von dir verschont! Von deiner übelriechenden Gebrechlichkeit, die meiner sich bemächtigt. Dein schlechter Atem weht mir ins Gesicht. Zahnlos, irre grinsend. Senil. All die Erinnerungen: Damals, damals war das Leben schön. Als Schmerzen nicht den Leib heimsuchten, mir die Welt zu Füßen lag, noch die Mysterien, wie unentdeckte Kontinente schlummernd, auf Eroberung und Enträtslung warteten.

»Was gäb ich drum,« so lallt der Greis, »noch einmal zwanzig Jahr zu sein! Die Abenteuer anzugehn, die einstig mir verwehrt.« Lacht und fährt sich tattrig durch das schüttre Haar. »Heute tragen mich die Beine nicht mehr weit, das Augenlicht verlöscht, ich höre wenig. – Was bleibt? fragst du: ...ein Lebensüberdruss. Er hat den Hunger schon seit langem abgelöst. Doch frag mich nicht, ob ich die Sattheit je zu schätzen lernte! Frag nicht nach all den Stunden, da der Hunger trotzdem mich verzehrte, ich im Höllenfeuer schmorte, Teufel! die Versuchung mich wie eine Hure lockte (in des Alten Augen glimmt ein Funke – ) verdammtes Leben: – und ich gab nicht nach... War nicht die Zeit... Glaub mir, die Zeiten werden seltner mit den Jahren! Willst du, sag, in Nostalgie und Wehmut enden, so wie ich?«

Ich wend mich ab: Die Götter lieben, wen sie lieben.

# 37

Tod! Wo ist dein Stachel? zu viele Leben sah ich gehn, als dass Du: Schönster! mich erschrecken könntst. Im Kuss kamst du und trocknetest den Tau, der auf den Lippen meiner Liebe schlief.

# 38

## Mein großer Bruder Traurigkeit

Mein großer Bruder Traurigkeit: Welch Leben spielt sich ohne deine Mitgift ab?

Des Schmerzes größter Feind sei jener Schmerz, der mich das Danken lehrt: dass zeitenlang ich dich vergessen durfte, du mich nicht mit altem Lied behelligtest und bittrem Abschied, – ja dass Tage leicht und unerkannt verflogen, ohne dass ihr Abend mich in Wehmut sinken ließ.

Wohin verschwand die Sonne, zogen jene Vögel heim ins Land? als kurz ich mich in deinen Augen wiederfand. Ich las in ihnen unsre Zeitenlosigkeit – ein langes Liebeslied, ein Lob der Stille, deren Kinder wir doch sind und die uns einst aus dieser Welt in eine andre führen wird.

Dann füllte jenen Raum dein Ruf, und meinen Namen neu gebar ein fremdes Ich.

# Epilog

# 39

*Tous les matins du monde*
*sont sans retour*

Da! Erster Ruf des ersten Vogels: Sage nicht, du habest jemals einen Vogel klagen hörn und wünschen, dass die Nacht noch bleibe!

Ich wälz mich auf die andre Seite, öffne einen Spaltbreit nur die Augen und seh deinen samtig weißen Rücken dort im Grau des neuen Tags. Der Schweiß der Nacht, der, salzig mit dem meinen sich vermengend, uns an andre Meere trug, scheint von dir fortgespült, und Ruhe atmend hebt und senkt sich deine Brust.

Ich wage nicht, dich zu berührn und mein Gesicht in deine Haare einzugraben, dichter Schleier altvertrauten Dufts. Auch könnt ich katzengleich mich an dich schmiegen... doch wär's nicht Frevel, deiner klar umriss'nen Linie meine anzufügen? – und würd dich aus den fernen Ländern reißen, die du dir erträumst.

Behutsam schäl ich meinen Körper aus den warmen Laken, fühl die hölzern-knarrig' Dielen unter meinem Fuß und schleiche mich ans Fenster: Vogel, weißt du, dass kein Morgen jemals wiederkehrt?

# 40

Oh, lass die Stimme nicht verstummen, die seit Kindestagen an als meine mich begleitet – mein inn'rer Bruder Schattenmensch, in großem Dialog. Er wird der Welt erhalten bleiben, wird am See die Wellen zählen und den Schwänen flüstern, dass der Frühling naht. Du wirst ihn hören... und verstehn, dass *Wind* die Bäume biegt, nicht Regen, und Schnee die Wiesen *färbt*, nicht bleicht.

# Herbst

# Die Zeiten der Wanderer

# Ferialia

# Was Zukunft heißt, sei nie geschehn

# Epilog